Falten mit kleinen Leuten

von Ingrid Klettenheimer

ALS-Hobby-Kurs 645

Impressum

Herausgeber: Kreide, Frankfurt.
Idee, Text und Gesamtkonzept:
Ingrid Klettenheimer, Karlsruhe.
Photos: Jiri Kohout, Horben und Heinz Stock, Dietzenbach.
Satz und Druck: ALS-Verlag GmbH, Dietzenbach.
Bestell-Nr. 25.645
ISBN-Nr. 3-89135-041-4

Die Deutsche Bibliothek - CIP-Einheitsaufnahme
Falten mit kleinen Leuten / von Ingrid Klettenheimer. -
Dietzenbach: ALS-Verl., 1995
   (ALS-Hobby-Kurs; 645)
   ISBN 3-89135-041-4
NE: GT

ALS-Verlag GmbH
Postfach 1440
63114 Dietzenbach

Inhalt

Vorwort

Die Kunst des Papierfaltens, auch "Origami" genannt, stammt aus dem Fernen Osten und zählt vor allem bei den Japanern zu einem festen Bestandteil ihrer Kultur. Aber auch Menschen in westlichen Ländern empfinden die Faszination, die von diesen ausdrucksstarken, plastischen Gebilden ausgeht, zumal sie aus nicht mehr als einem Stück Papier entstehen - die große Anzahl der angebotenen Origami-Bücher beweist dies ja deutlich!

Auch ich konnte dem Kauf einiger der schön aufgemachten Bände nicht widerstehen, muß hier aber zugeben, daß ich nur wenige, einfache Arbeiten nachvollziehen konnte. Nach dem 10. Faltvorgang hielt ich sonst regelmäßig ein unansehnliches, mit falschen Kniffen verunziertes Etwas in der Hand, das schleunigst in den Papierkorb wanderte.

Bei vorsichtigen Umfragen stellte ich fest, daß es vielen anderen Leuten ebenso geht wie mir; nach einigen mißlungenen Versuchen wollten sie von der ganzen Falterei nichts mehr wissen. Und das ist eigentlich schade!

Wenn wir nicht versuchten, japanische Kunstwerke nachzubilden, für die uns einfach die Mentalität, vor allem aber auch das ständige Üben von frühester Jugend an fehlen, sondern uns auf ganz einfache Faltarbeiten beschränkten, die ebenfalls zu plastischen Ergebnissen führen und mit etwas Geduld und einigen Versuchen schon jedem Kind gelingen, hätte es wohl manche Frustration nicht gegeben.

Bei den hier gemachten Vorschlägen darf, im Gegensatz zum reinen Origami, auch geklebt werden, was oft weitere Faltvorgänge vereinfacht. Vor allem aber können die Kinder ihre Arbeiten noch mit Liebe und Phantasie weiter ausgestalten! So wird zweierlei erreicht, denn zum Geschicklichkeitstraining des Faltens kommt noch die Schulung der Kreativität hinzu.

Wer sieht, mit welcher Begeisterung die Vier- bis Zehnjährigen die Anregungen aufgreifen und welche Geduld sie auf einmal aufbringen können, wird ihnen ein solches Erlebnis sicher nicht nur einmal vermitteln wollen.

Voraussetzung ist, daß rechtwinklige Papiere mit geraden Kanten zur Verfügung stehen; alle Arbeiten dieser Broschüre entstanden aus quadratischen, meist 20 cm/20 cm großen Papieren (nur die Häuser von S. 22 und die Faltschachteln von S. 25 sind auch aus anderen Formaten faltbar). Die Papierqualität sollte gut sein, um ein Reißen zu verhindern. Schließlich muß auf einem glatten Untergrund gearbeitet und darauf geachtet werden, daß Kanten und Spitzen genau übereinanderliegen. Wer nun noch alle gefalteten Linien sorgfältig mit dem Fingernagel nachstreicht, braucht kaum mehr ein Mißlingen zu befürchten. Allerdings muß er sich auch wirklich Schritt für Schritt an die genau beschrifteten Anleitungen gehalten haben! Dann aber wird das "Falten mit kleinen Leuten" zum Kinderspiel, das viele Stunden lang nur Freude macht!

Ingrid Klettenheimer

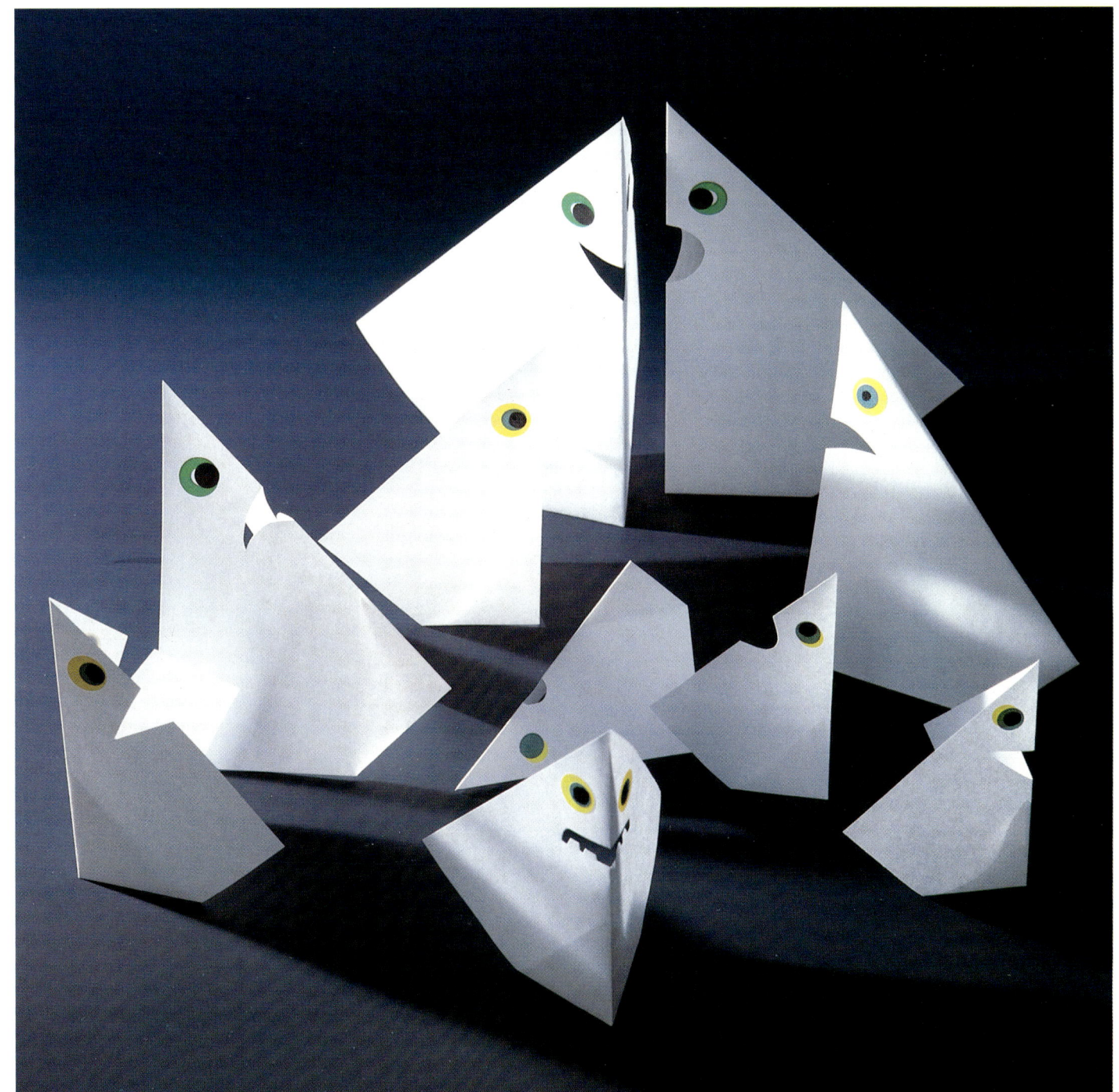

5

Kleine Gespensterversammlung

Der Diagonalbruch als Ausgangsfaltung

Kleine Gespensterversammlung
(Abb. S. 5)
Schon Vierjährige beteiligen sich erfolgreich am Gestalten dieser kleinen Geisterschar. An Material werden Schreibmaschinenpapierquadrate mit 8 bis 14 cm Seitenlänge, eine Schere und 13 bzw. 8 mm große Markierungspunkte oder auch einfach Farbstifte zum Darstellen der Augen benötigt.

Briefumschläge
Aus 20 cm/20 cm großen, bunt gemusterten Papieren stellten Zweitkläßler diese kleinen Umschläge her und verzierten sie mit einem gemalten und aufgeklebten Namensschild.

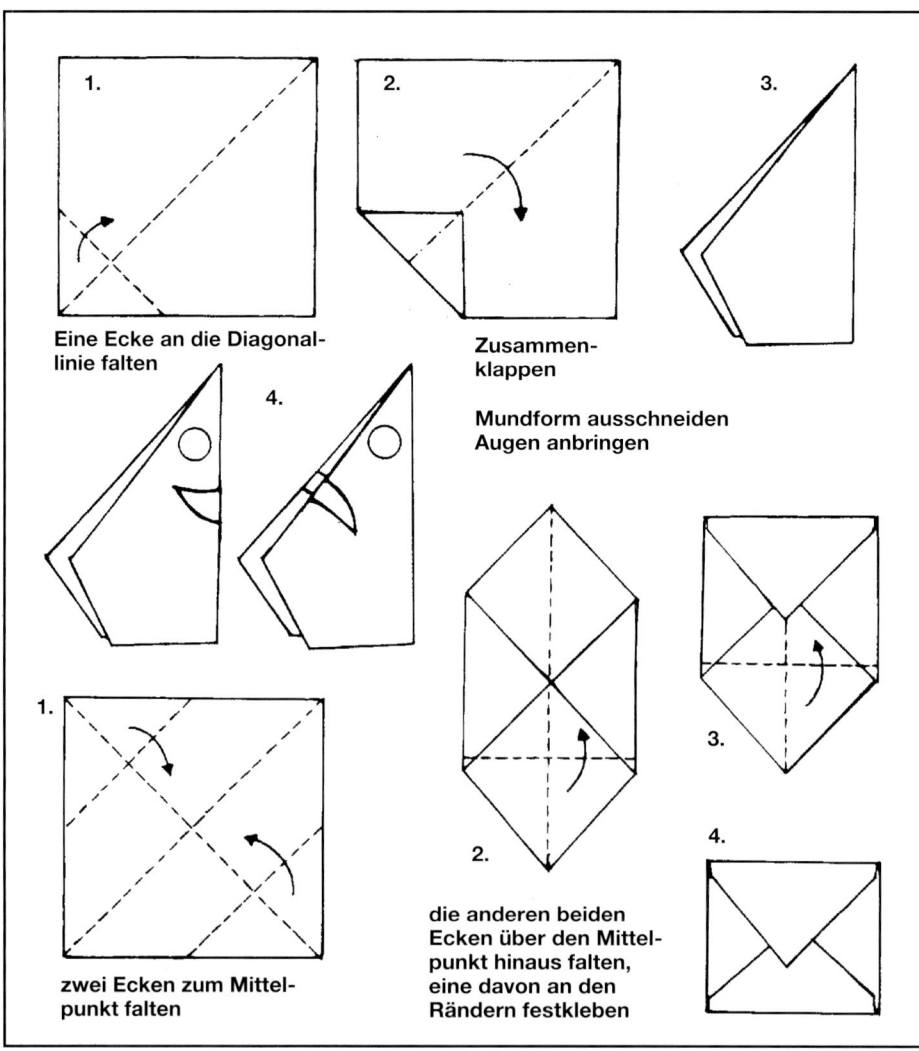

1.
Eine Ecke an die Diagonallinie falten

2.
Zusammenklappen

3.
Mundform ausschneiden
Augen anbringen

4.

1.
zwei Ecken zum Mittelpunkt falten

2.
die anderen beiden Ecken über den Mittelpunkt hinaus falten, eine davon an den Rändern festkleben

3.

4.

7

Briefumschläge

Nikolausgesellschaft

Ganz einfach zu falten sind diese kleinen Nikoläuse, die aus roten Papierquadraten von 16 cm, 13 cm und 10 cm Seitenlänge entstehen. Weiße Bart- und rosa Gesichtsformen schmücken sie. Etwas Geschick setzt es allerdings voraus, die Nase durch zweimaliges Einschneiden und Gegenfalten plastisch hervorzuheben - eine nur gemalte Nasenform tut es aber auch!

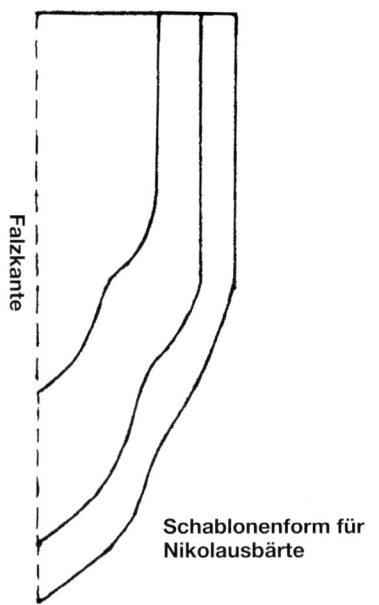

Falzkante

Schablonenform für Nikolausbärte

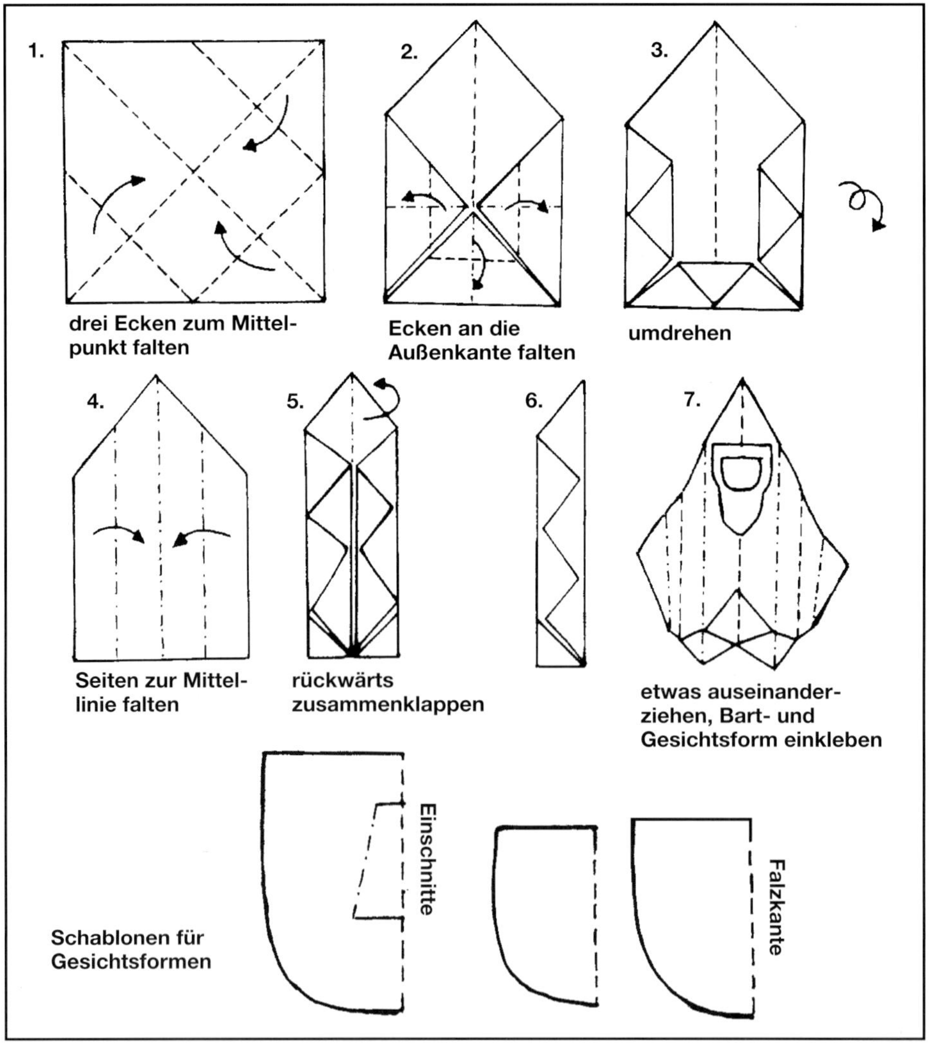

1.
drei Ecken zum Mittelpunkt falten

2.
Ecken an die Außenkante falten

3.
umdrehen

4.
Seiten zur Mittellinie falten

5.
rückwärts zusammenklappen

6.

7.
etwas auseinanderziehen, Bart- und Gesichtsform einkleben

Schablonen für Gesichtsformen

Einschnitte

Falzkante

8

9

Nikolausgesellschaft

Bilderrahmen zum Aufstellen

Ihre Standfestigkeit erhalten die aus 15 cm/15 cm großen Papieren gestalteten Rahmen durch das Auffalten der einzigen nicht festgeklebten Ecke auf der Rückseite (Bild 4 der Faltanleitung). Aus doppelt zugeschnittenen und an der Vorderseite halb aufgefalteten Formen entstehen Blumenblätter und Blüteninneres. Das eingeklebte, weiße Papierquadrat hat eine Seitenlänge von 5,5 cm.

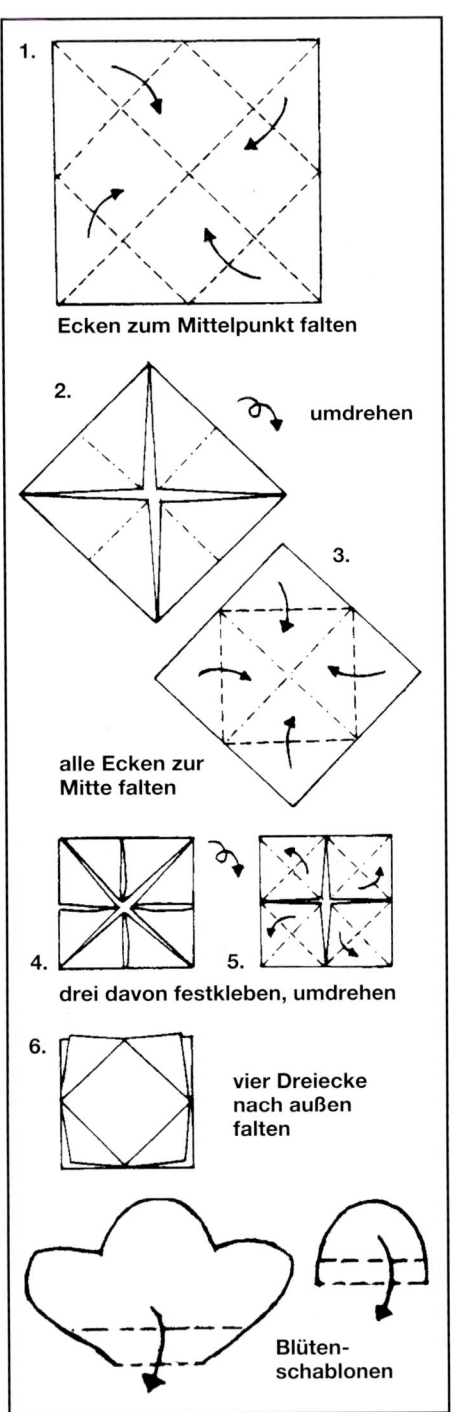

1. Ecken zum Mittelpunkt falten

2. umdrehen

3. alle Ecken zur Mitte falten

4. 5. drei davon festkleben, umdrehen

6. vier Dreiecke nach außen falten

Blütenschablonen

Bilderrahmen zum Aufstellen

10

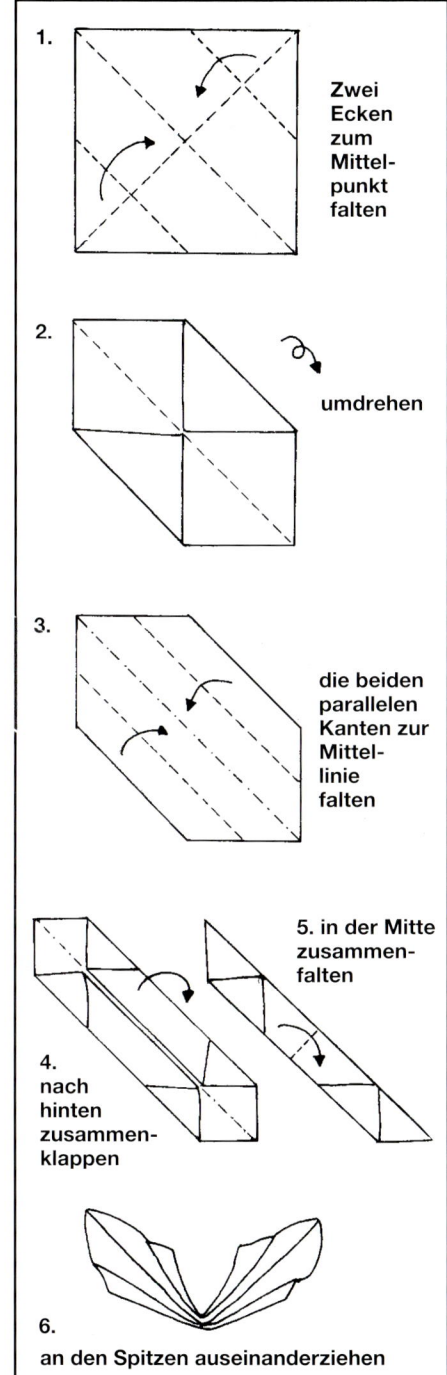

1. Zwei Ecken zum Mittelpunkt falten

2. umdrehen

3. die beiden parallelen Kanten zur Mittellinie falten

4. nach hinten zusammenklappen

5. in der Mitte zusammenfalten

6. an den Spitzen auseinanderziehen

Schmetterlinge

Für das obere Flügelpaar des Schmetterlings wird ein quadratisches Faltpapier von 15 cm Seitenlänge, für das untere eines von 14 cm benötigt. Den Körper bildet ein 20 cm langes, in der Mitte zusammengebogenes und ein paarmal verdrehtes Pfeifenreinigerstück. Die Kinder schieben die am Mittelfalz aufeinandergeklebten Flügelpaare dazwischen, verdrehen die Drahtenden wieder und formen die Fühler. Durch Einfügen eines Perlonfadens zwischen Draht und oberen Flügeln können die Falter aufgehängt werden. Hier die richtige Stelle zu finden ist allerdings nicht ganz einfach und setzt die helfende Hand eines Erwachsenen voraus. Leichter ist es, an der Unterseite ein Stück Blumendraht mit einzufassen; daran können die Schmetterlinge auf einem Zweig befestigt werden.

Schmetterlinge

11

Der "Dampfer" als Grundform

Dampfer auf hoher See

Der Dampfer verlangt einige Faltungen mehr als der Bilderrahmen von S. 10, ist aber bei etwas Übung schon von Vorschülern nachvollziehbar; die abgebildeten Arbeiten stammen von ihnen.

Den hellblauen, 2 cm breiten Tonkartonrahmen (28 cm/17 cm) umgibt unten ein längs gefalteter, dunkelblauer Tonpapierstreifen (30 cm/ 12 cm) als Wasser. Dieser ist mit Buntstift-Wellenformen und leuchtenden Fischchen geschmückt, die die Kinder durch Mehrfachschnitt herstellen. Dazwischen kann das Schiff (20 cm/20 cm) mit Watterauch gute Fahrt machen! Die Sonne am oberen Bildrand besteht aus zwei versetzt übereinandergeklebten Faltsternen (6 cm/6 cm) (Faltanl. S. 38) und einer Kreisform von 5 cm Durchmesser aus Tonpapier.

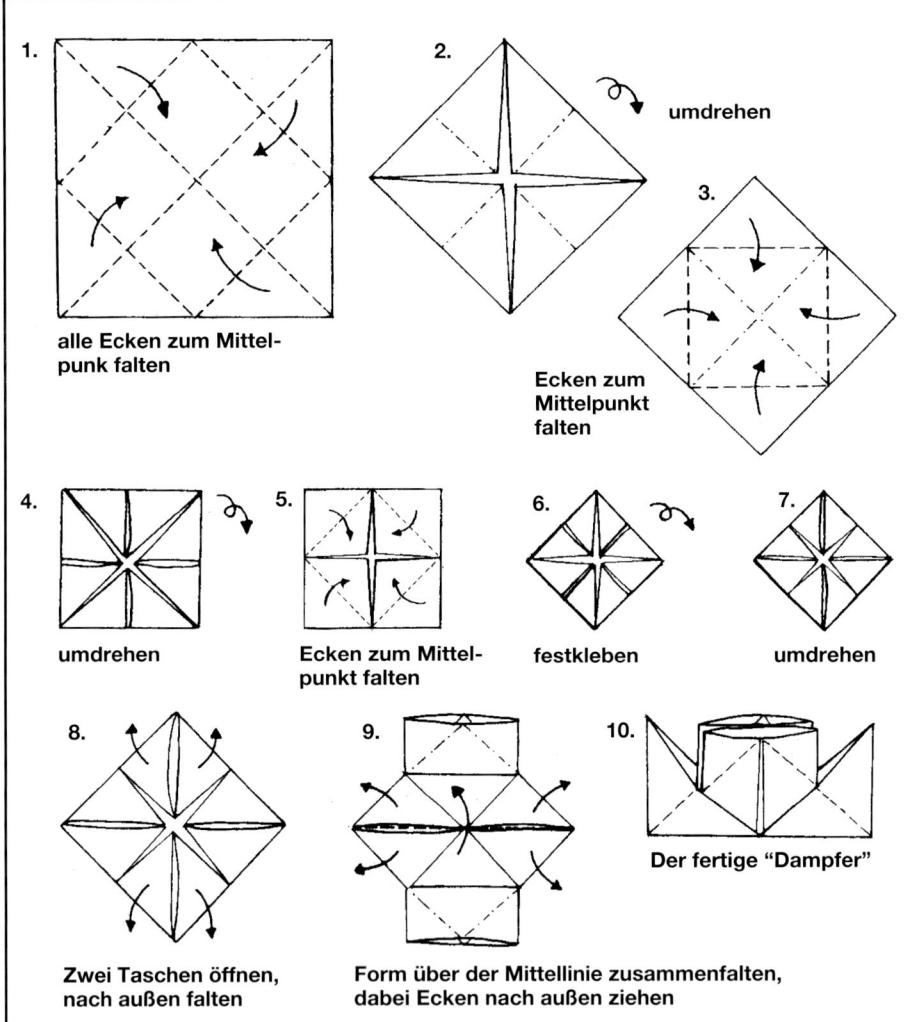

1. alle Ecken zum Mittelpunk falten

2. umdrehen

3. Ecken zum Mittelpunkt falten

4. umdrehen

5. Ecken zum Mittelpunkt falten

6. festkleben

7. umdrehen

8. Zwei Taschen öffnen, nach außen falten

9. Form über der Mittellinie zusammenfalten, dabei Ecken nach außen ziehen

10. Der fertige "Dampfer"

Faltanleitung "Sonne" siehe Seite 38

Dampfer auf hoher See

Till Eulenspiegel

Hier wird der Dampfer ebenfalls aus einem 20 cm/20 cm großen Papier gefaltet und zur Zipfelmütze gemacht! Im hinteren "Schornstein" klebt die Körperform aus farbigem Tonkarton, den die kleinen Künstler mit schmalen Flechtstreifenstücken und Buntpapierteilen ausgestalten können. Die mit Holzfarbstiften bemalten Gesichtsformen werden schließlich vor dem vorderen "Schornstein" befestigt. Die Schablonenformen für die Figur befinden sich auf S. 48.

Seltsame Vögel

(Abb. 4. Umschlagseite) Bei gleicher Faltung wie beim Dampfer formen die Kinder die Schornsteine nicht aus, sondern falten die letzten vier Ecken vom Mittelpunkt an die Außenspitzen und klappen das Gebilde über der Diagonalen zusammen. Der mit schmaler Falzkante doppelt geschnittene Tonpapierschnabel wird beidseitig in die Laschen geschoben und zusammengeklebt. Er hält diese Vögel, die aus 20 cm/20 cm großen Papieren entstehen, dauerhaft in Form.

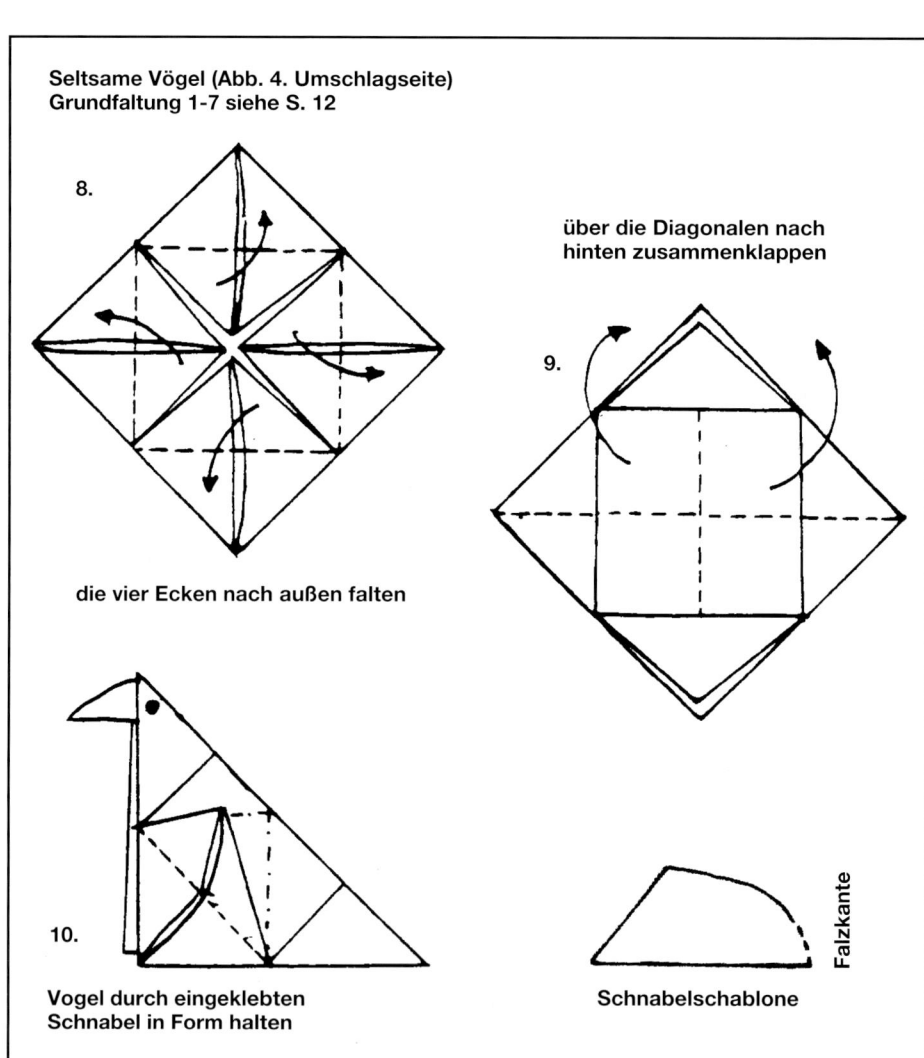

Seltsame Vögel (Abb. 4. Umschlagseite)
Grundfaltung 1-7 siehe S. 12

8.

über die Diagonalen nach hinten zusammenklappen

9.

die vier Ecken nach außen falten

10.

Vogel durch eingeklebten Schnabel in Form halten

Schnabelschablone

Falzkante

15

Till Eulenspiegel

Faltvarianten zum "Dampfer"

Puppenbettchen

Die nach außen gefalteten und fest-geklebten "Schornsteine" machen aus dem Dampfer ein Puppenbett-chen, das wieder aus 20 cm/20 cm großem Geschenkpapier gefaltet wird. Die 12 mm großen Holzper-lenköpfe der Püppchen bemalen die Kinder mit feinen Permanent-schreibern und kleben die Frisuren aus Seidenpapierstückchen.

Für die Körper brauchen sie ein rosa Chenilledrahtstück von 12 cm Länge, das sie in der Mitte zusam-menbiegen, etwas verdrehen und in die Perlenöffnung kleben. Beim Weiterdrehen werden die 6 cm lan-gen Arme miteingefaßt. Nach dem Ausformen von Händen und Füßen wartet ein weiches Wattelager auf die kleinen Figuren.

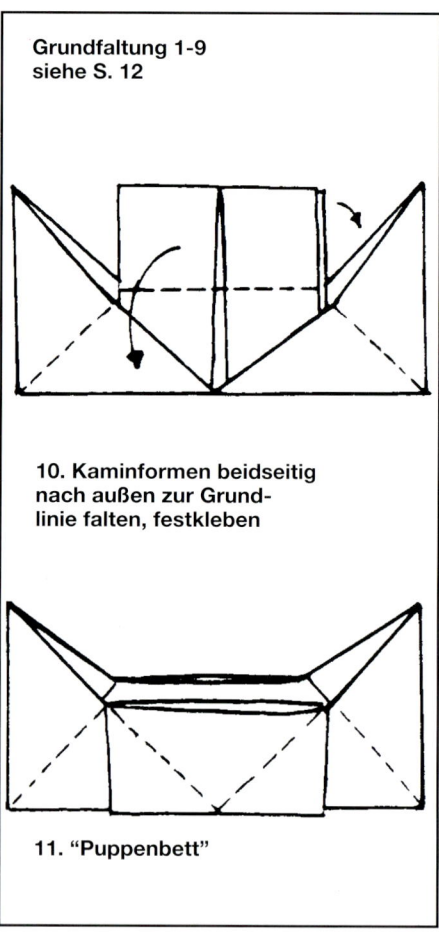

Grundfaltung 1-9
siehe S. 12

10. Kaminformen beidseitig nach außen zur Grund-linie falten, festkleben

11. "Puppenbett"

Puppenbettchen

**Grundfaltung 1-9
siehe S. 12**

**10. Kaminformen beidseitig
nach außen zur Grundlinie
falten, festkleben**

11.

**12. hochstehende Dreiecksformen
nach innen falten**

13. "Ruderboot"

**Schablonen für Ruderer und
Ruder auf 3. Umschlagseite**

Ruderboote

Das Einfalten der hochstehenden Eckteile verwandelt die Bettchen in kleine Boote, die hier aus Regenbogenbuntpapieren mit 20 cm Seitenlänge gefaltet wurden. Die Schablone für die Ruderer (3. Umschlagseite) umfahren die Kinder auf leichtem Karton in Hautfarbe, bemalen sie mit Holzfarbstiften und kleben die umgefalzten Bankteile nach dem Ausschneiden in die seitlichen Laschen des Bootes. Die aus gefaltetem Aktendeckelkarton zugeschnittenen Ruderblätter (3. Umschlagseite) werden um ein Ende eines Zahnstochers geklebt.

Das andere schieben die Kinder vorsichtig durch die vorgelochte und in Form gefaltete Hand des Ruderers.

Ruderboote

Kleine Blumenvasen

Aus 20 cm/20 cm großen Geschenkpapieren entstehen diese kleinen Vasen, wenn der Dampfer vor dem Ausformen der beiden letzten Ecken nach vorn zusammengefaltet und -geklebt wird. Zwei 19 mm große Klebepunkte halten die Seitenteile zusammen. Im Inneren stecken auf Tonkartonstielen und beidseitig angebracht die gleichen Blumen wie auf den Bilderrahmen (S. 10). Dazwischengeschobene, willkürlich gefaltete Blattformen verleihen dem Arrangement mehr Halt. Sehr hübsch wirken die Väschen auch mit Trockenblumen und Gräsern!

Monster   (Abb. S. 20)

Für die Körper werden 40 cm/40 cm große Geschenkpapiere, für die Köpfe 20 cm/20 cm große Regenbogenbuntpapiere benötigt. Das Einkleben der Augenformen aus zwei verschieden breiten Buntpapierstreifen, das Anbringen von Kopfputz, Nase, Pfoten und Bauchteil (3. Umschlagseite) und das Einfügen eines kontrastierenden Papiers in die Mundöffnung macht den Kindern großen Spaß und regt ihre Phantasie an. Damit die Figur dauerhaft standfest wird, sollte auf der Rückseite zwischen Fuß- und Rückenteil ein gefalztes Tonkartonstück eingeklebt werden.

Schablonen für Monsterbauch und -Pfote siehe 3. Umschlagseite

---

Grundfaltung 1-8 siehe S. 12.

Kleine Blumenvasen

9.

10.

über der Diagonalen zusammenfalten

11.

an der Innenseite zusammenkleben, Form mit Klebepunkten sichern

---

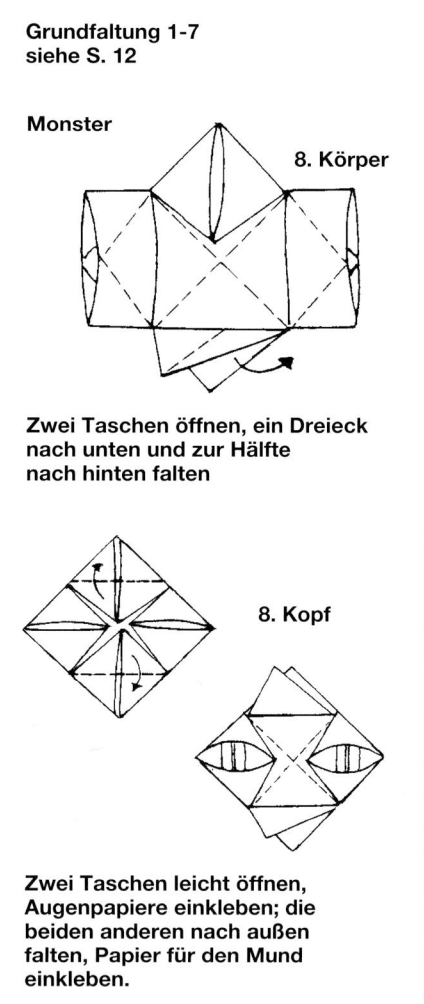

Grundfaltung 1-7 siehe S. 12

Monster

8. Körper

Zwei Taschen öffnen, ein Dreieck nach unten und zur Hälfte nach hinten falten

8. Kopf

Zwei Taschen leicht öffnen, Augenpapiere einkleben; die beiden anderen nach außen falten, Papier für den Mund einkleben.

Kleine Blumenvasen

Monster

Der Querbruch als Ausgangsfaltung

Kleine Stadt (Abb. S. 22)
Je zwei gleiche Hausformen kleben Rücken an Rücken in einem Doppeldach (Faltanl. S. 44). Verwendet werden können quadratische, aber auch rechteckige Papiere mit Seitenlängen zwischen 8 cm und 20 cm. Die Größe der roten Faltpapierquadrate für die Dächer richtet sich nach der Breite der Häuser und sollte 1 cm mehr betragen. Die nach Belieben bunt ausgestalteten Häuser sind recht standfest und lassen sich herrlich zum Spielen verwenden!

Am Wasser (Abb. S. 23)
In den 10 cm/10 cm und 7 cm/7 cm großen Faltpapieren, die hier zu Dächern wurden, stecken helle Tonkartonstücke von 3,5 cm/ 4,4 cm und 4,5 cm/4,5 cm Größe als Häuser. Die offenen Bootsformen falten die Kinder aus Quadraten von 10 cm Seitenlänge und schmücken sie mit schmalen Tonkartonflechtstreifen. Die Segel entstehen aus zusammengeklappten Drachenformen (Faltanl. S. 26) und werden aus 10 cm/10 cm großen Schreibmaschinenpapierquadraten

gefaltet. Im gleichen Faltvorgang entstehen die Bäume. Hier sind die Papiere 7 cm und 10 cm groß und grün. Je zwei davon müssen die Kinder Falzlinie an Falzlinie auf den Untergrund kleben. Aus sieben 8 cm/8 cm großen Papieren wird schließlich die Sonne, die wie die Sterne auf Seite 24 zu falten ist.

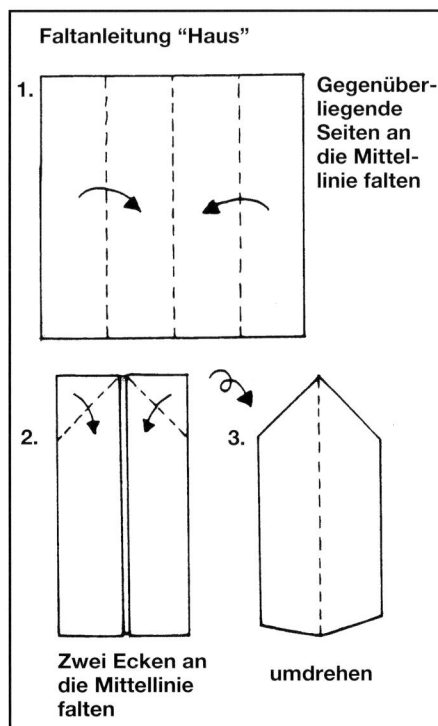

Faltanleitung "Haus"

1. Gegenüberliegende Seiten an die Mittellinie falten

2. 3. umdrehen

Zwei Ecken an die Mittellinie falten

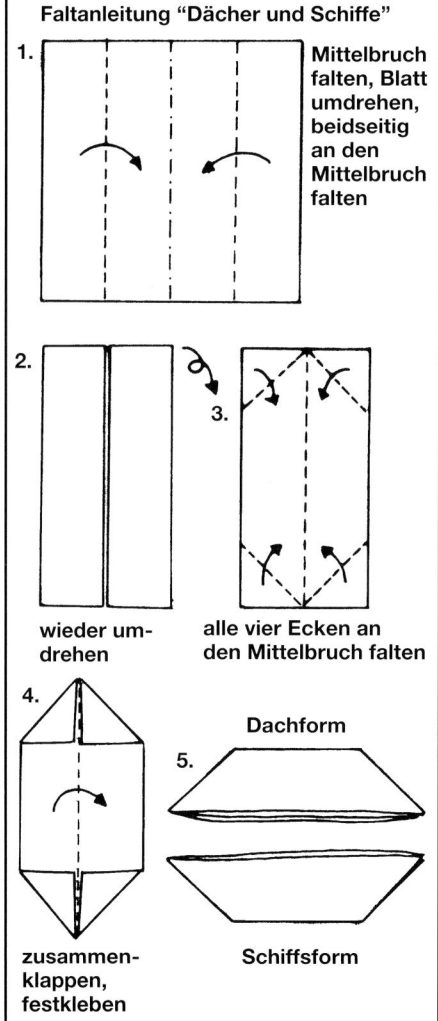

Faltanleitung "Dächer und Schiffe"

1. Mittelbruch falten, Blatt umdrehen, beidseitig an den Mittelbruch falten

2. 3.

wieder umdrehen

alle vier Ecken an den Mittelbruch falten

4.

zusammenklappen, festkleben

5. Dachform

Schiffsform

Kleine Stadt

Am Wasser

Sterne

Je fünf bis sieben gleiche Faltpapierquadrate mit Seitenlängen zwischen 10 und 15 cm falten die Kinder nach Anleitung und kleben sie an den Schmalseiten zusammen. Damit die Sternformen nicht windschief werden, achten sie darauf, daß die Mittelteile genau übereinanderliegen und verwenden die glatte Tischoberfläche zum Ausrichten. Danach schneiden sie die offenen Seiten auf der Ober- oder Unterseite spitz zu. Zum Schluß kleben sie die letzten Außenteile ringförmig zusammen und ziehen die Sternspitzen etwas auseinander.

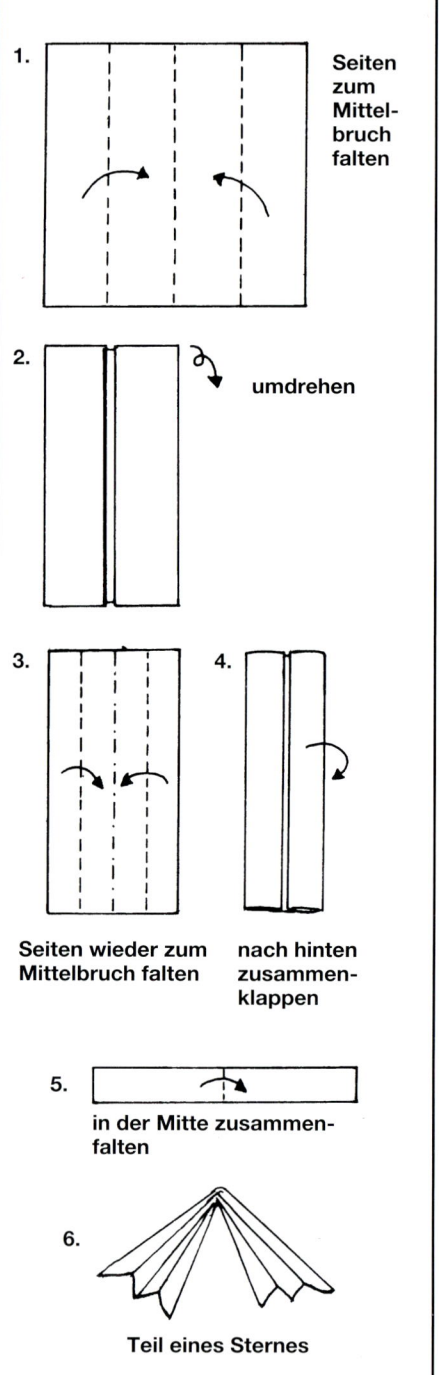

1. Seiten zum Mittelbruch falten

2. umdrehen

3. Seiten wieder zum Mittelbruch falten

4. nach hinten zusammenklappen

5. in der Mitte zusammenfalten

6. Teil eines Sternes

Sterne

1.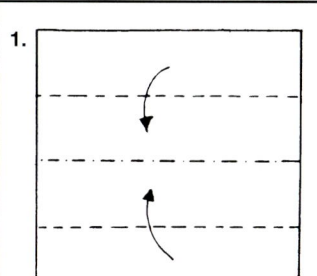

Mittelbruch falten, Blatt umdrehen; gegenüberliegende Seiten zum Mittelbruch falten

2.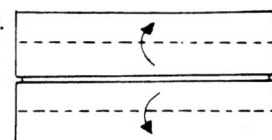

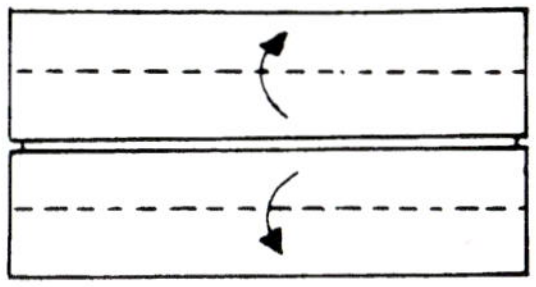

hälftig zum Außenrand zurückfalten

3.

beide Streifen wieder zum Mittelbruch klappen

4.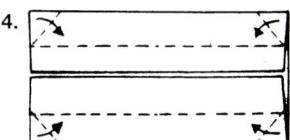

die vier Ecken an die entstandenen Hilfslinien falten

5.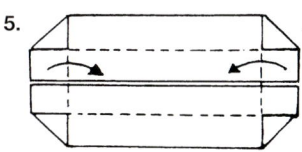

beidseitig über die Ecken scharf nach innen falten

6.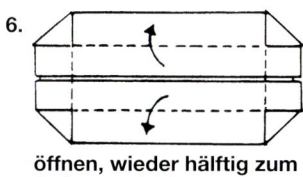

öffnen, wieder hälftig zum Außenrand falten

7.

mit beiden Händen in die entstandenen kleinen Innentaschen greifen

8.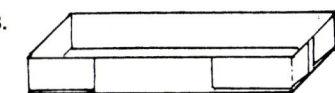

Schachtel ausformen, senkrechte Kanten scharf nachkniffen

Faltschachteln aus Papier

Sieben- bis achtjährige Kinder können diese Schachteln bereits ohne Schwierigkeiten herstellen. Zur Faltung eignen sich rechteckige Papiere ebenso gut wie quadratische, die alle möglichst etwas fester sein sollten. Aus DIN A 4 über 20 cm/20 cm und kleineren Formaten entstehen dann recht stabile Behälter für Papierschnipsel oder leichteren Krimskrams.

Faltschachteln aus Papier

Die "Drachenform"

Clowns

Die Kinder klappen die gefaltete und geklebte Drachenform zusammen und stellen durch Aus- und Einschneiden das Grundgerüst für die Clowns her. Das Einsetzen von Schablonen führt hierbei zu gefälligeren Ergebnissen, das freie Schneiden zu originelleren.

Gut zum Falten eignen sich hier farbige Schreibmaschinenpapierquadrate mit 10 oder 15 cm Seitenlänge. Nach dem Bemalen der Figuren drücken die Kinder sie über dem Mittelfalz nach hinten leicht in Form, damit sie standfest werden.

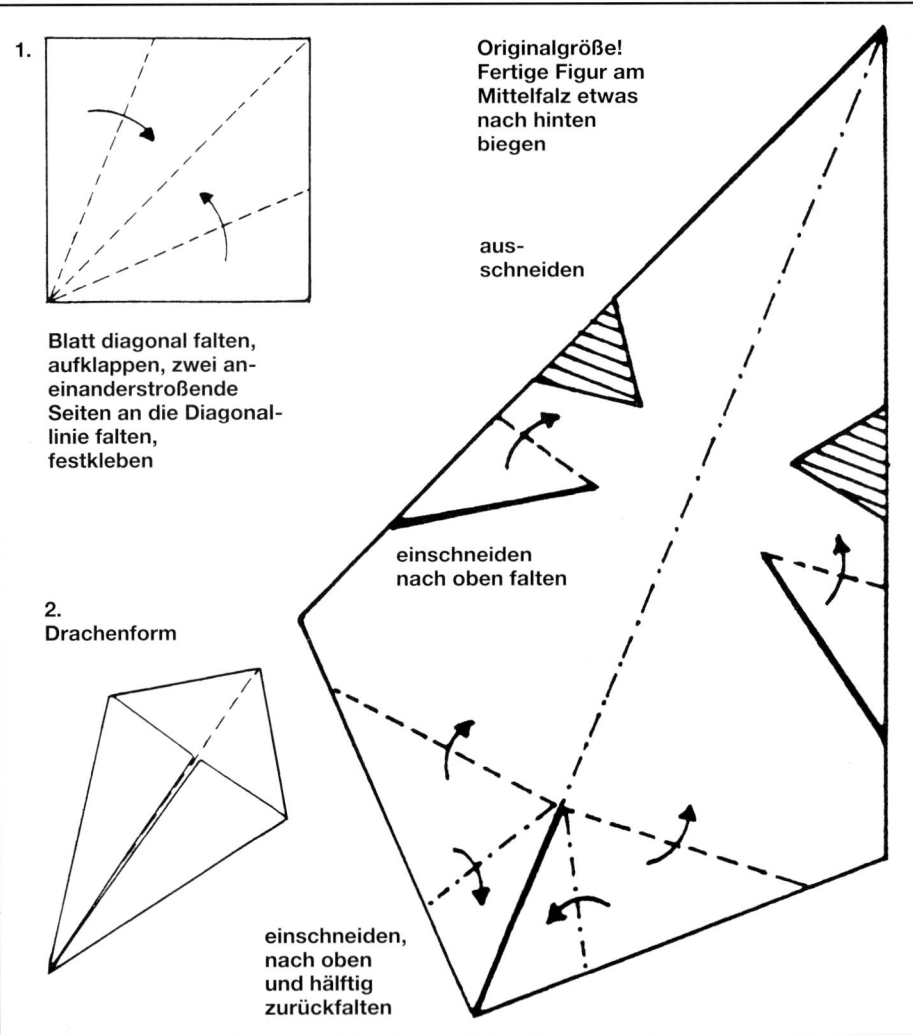

1.

Blatt diagonal falten, aufklappen, zwei aneinanderstoßende Seiten an die Diagonallinie falten, festkleben

2.
Drachenform

Originalgröße!
Fertige Figur am
Mittelfalz etwas
nach hinten
biegen

ausschneiden

einschneiden
nach oben falten

einschneiden,
nach oben
und hälftig
zurückfalten

Clowns

Familie

Um die Clowns in Familienmitglieder zu verwandeln, müssen die Kinder die spitzen Zipfelmützen einfach nach hinten falten und festkleben. Auch finden hier nur rosafarbene Faltpapiere Verwendung. Durch Einschnitte an der Unterseite lassen sich im Gegensatz zu den Rock- auch Hosenformen darstellen. Wer Schwierigkeiten mit den Proportionen hat, kann auf die Schablonenform zurückgreifen.

Tannenbäume

Je zwei 10, 15 oder 20 cm große Papierquadrate werden zur Drachenform gefaltet, über der Mitteldiagonalen zusammengeklappt, ineinandergesteckt und dann mit Ausschnitten versehen. Danach kleben die Kinder die beiden Formen an der Mittellinie der Rückseiten zusammen, schneiden die unteren Dreiecke ein und kleben sie ebenfalls versetzt übereinander - schon stehen die Bäumchen!

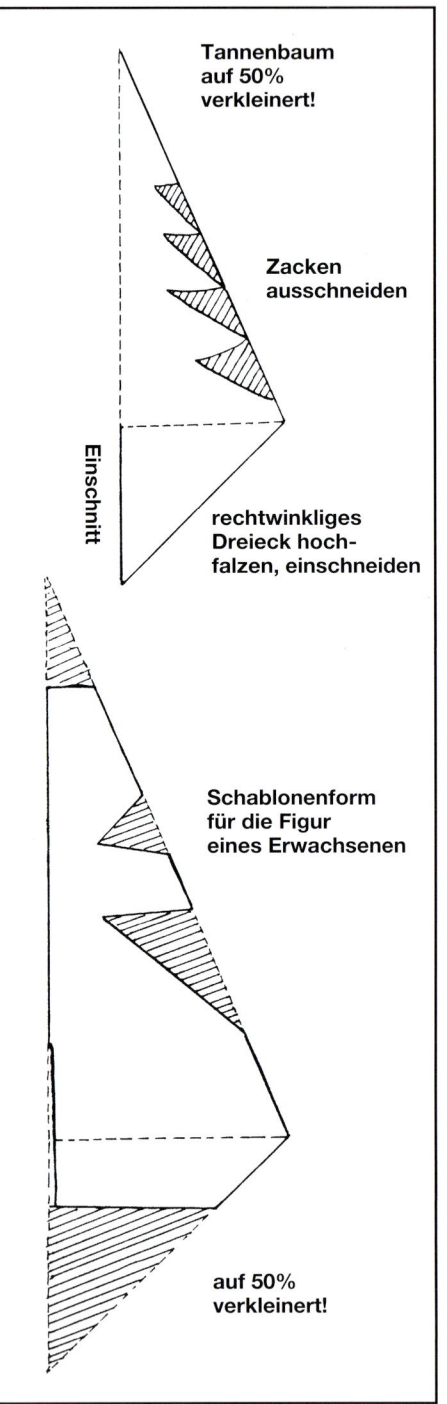

Tannenbaum auf 50% verkleinert!

Zacken ausschneiden

Einschnitt

rechtwinkliges Dreieck hochfalzen, einschneiden

Schablonenform für die Figur eines Erwachsenen

auf 50% verkleinert!

Familie

Tannenbäume

Käfer

Übung, Augenmaß oder am einfachsten eine Schablone helfen bei der Herstellung dieser recht realistisch wirkenden Käfer. Die Fühler werden nach oben, die Beinpaare jeweils nach unten und der überstehende Teil des Körpers nach hinten gefaltet. Seine Ecken werden an der Unterseite etwas übereinandergeschoben und festgeklebt. Die Faltpapiergröße beträgt hier 10 cm/ 10 cm, die der kontrastierenden Verzierungen des Hinterleibes 3,5 cm/3,5 cm.

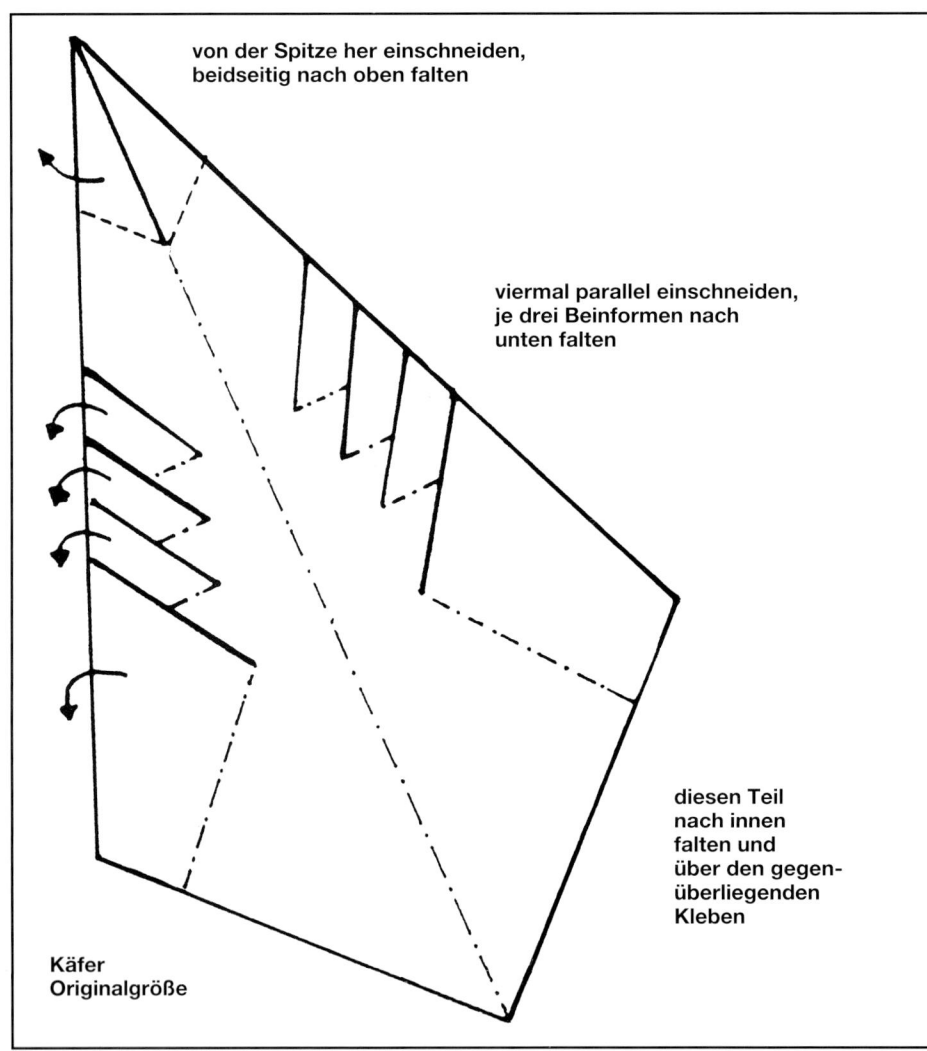

von der Spitze her einschneiden, beidseitig nach oben falten

viermal parallel einschneiden, je drei Beinformen nach unten falten

diesen Teil nach innen falten und über den gegenüberliegenden Kleben

Käfer
Originalgröße

Käfer

Die plastische "Drachenform"

Schneewittchen

Bei der plastischen Drachenform werden die an die Diagonale gefalzten Dreiecke zunächst nicht festgeklebt. Den Mädchenrock falten die Kinder aus einem 18 cm/18 cm großen Schreibmaschinenpapier, die Körper der Zwerge aus Quadraten mit 10, 11 oder 12 cm Seitenlänge. Wichtig ist, daß sie das untere Dreieck des Drachens nicht ganz oben bei den Ecken, sondern etwas darunter hochfalten; die Figuren stehen dann gerader. Das Oberteil Schneewittchens (12 cm/ 12 cm) und die Zwergenmützen (5 cm, 5,5 cm und 6 cm) werden nur wenig an den Rändern übereinandergeklebt, danach die Bartformen mit Gesichtern eingefügt und das Kopfteil der großen Figur (3. Umschlagseite) aufgesetzt. Aus einem in der Mitte gefalteten, sich nach außen verbreiterndem 15 cm langen Kartonstreifen entstehen die Arme der Prinzessin.

Schablonen vom Zwergengesicht und Schneewittchen auf 3. Umschlagseite

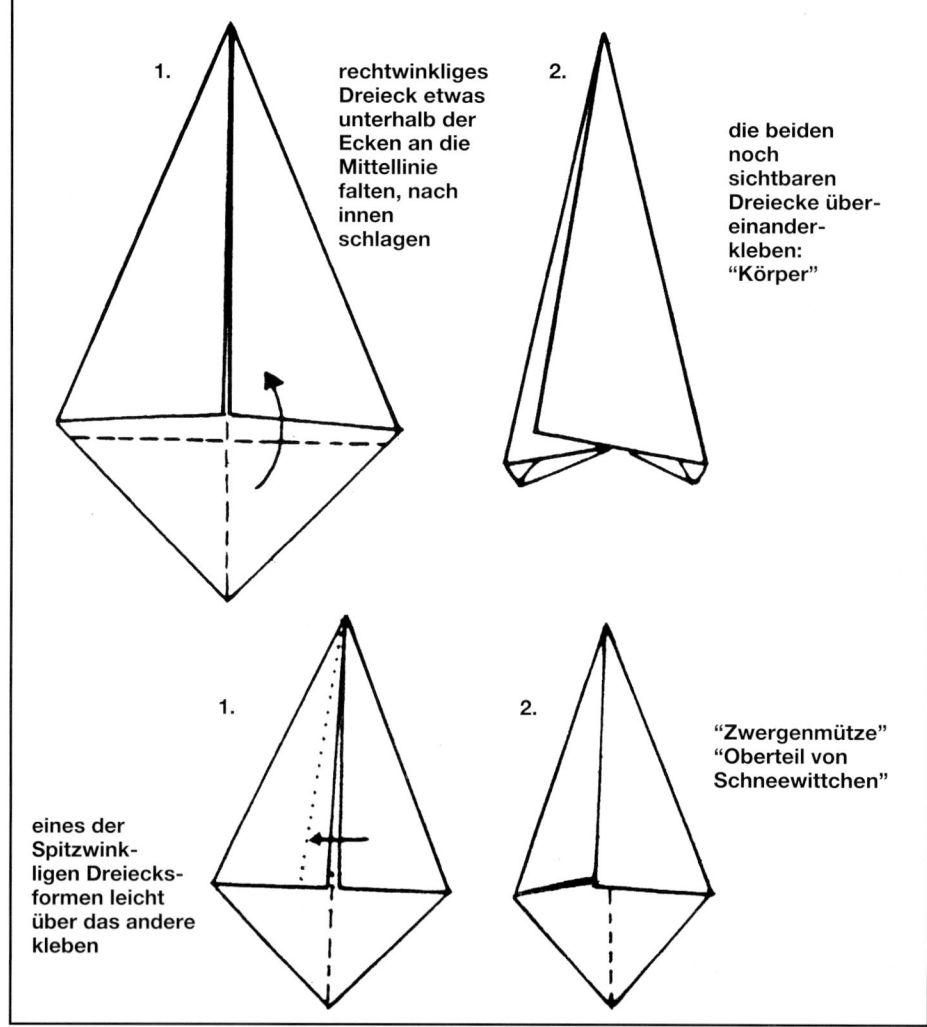

1. rechtwinkliges Dreieck etwas unterhalb der Ecken an die Mittellinie falten, nach innen schlagen

2. die beiden noch sichtbaren Dreiecke übereinanderkleben: "Körper"

1. eines der Spitzwinkligen Dreiecksformen leicht über das andere kleben

2. "Zwergenmütze" "Oberteil von Schneewittchen"

Schneewittchen

Dackel

12 cm/12 cm und 15 cm/15 cm sind die Papiere in unterschiedlichen Brauntönen groß, aus denen sich im Nu eine ganze Dackelfamilie herstellen läßt. Die kontrastierenden Ohrformen (3. Umschlagseite) werden abschließend angebracht.

Wer gern einen hochstehenden Schwanz falten möchte, muß die-sen bei geöffneter Form nach innen falten und ihn beim Zusammenklappen vorsichtig nach außen und oben ziehen - etwas für Geübte!

Schablonen für Dackelohren auf der 3. Umschlagseite.

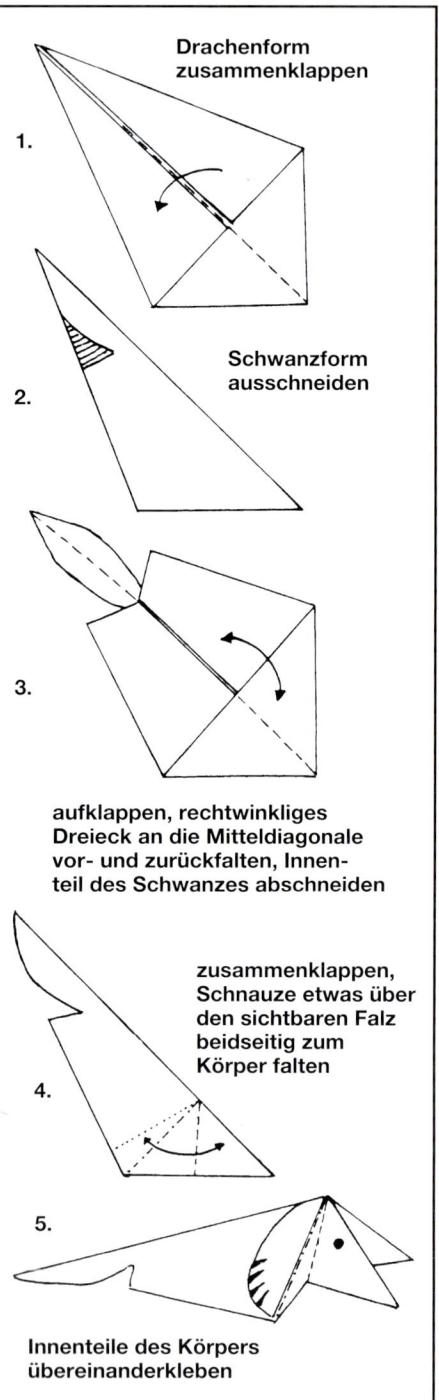

Drachenform zusammenklappen

1.

2. **Schwanzform ausschneiden**

3.

aufklappen, rechtwinkliges Dreieck an die Mitteldiagonale vor- und zurückfalten, Innenteil des Schwanzes abschneiden

4. zusammenklappen, Schnauze etwas über den sichtbaren Falz beidseitig zum Körper falten

5.

Innenteile des Körpers übereinanderkleben

Dackel

Seehunde

Ganz einfach lassen sich diese Seehunde falten, schneiden und in Form kleben. Die Seitenlängen der verwendeten Papierquadrate betragen 15, 12, 10 und 5 cm.

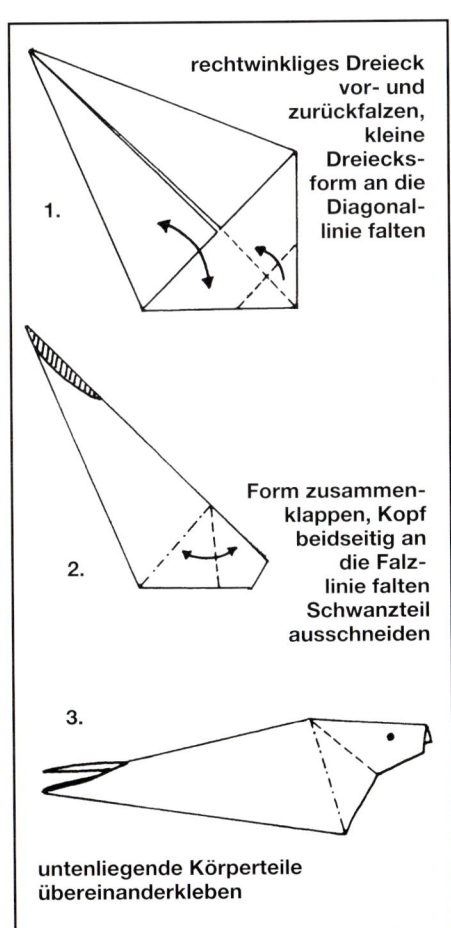

1. rechtwinkliges Dreieck vor- und zurückfalzen, kleine Dreiecksform an die Diagonallinie falten

2. Form zusammenklappen, Kopf beidseitig an die Falzlinie falten Schwanzteil ausschneiden

3. untenliegende Körperteile übereinanderkleben

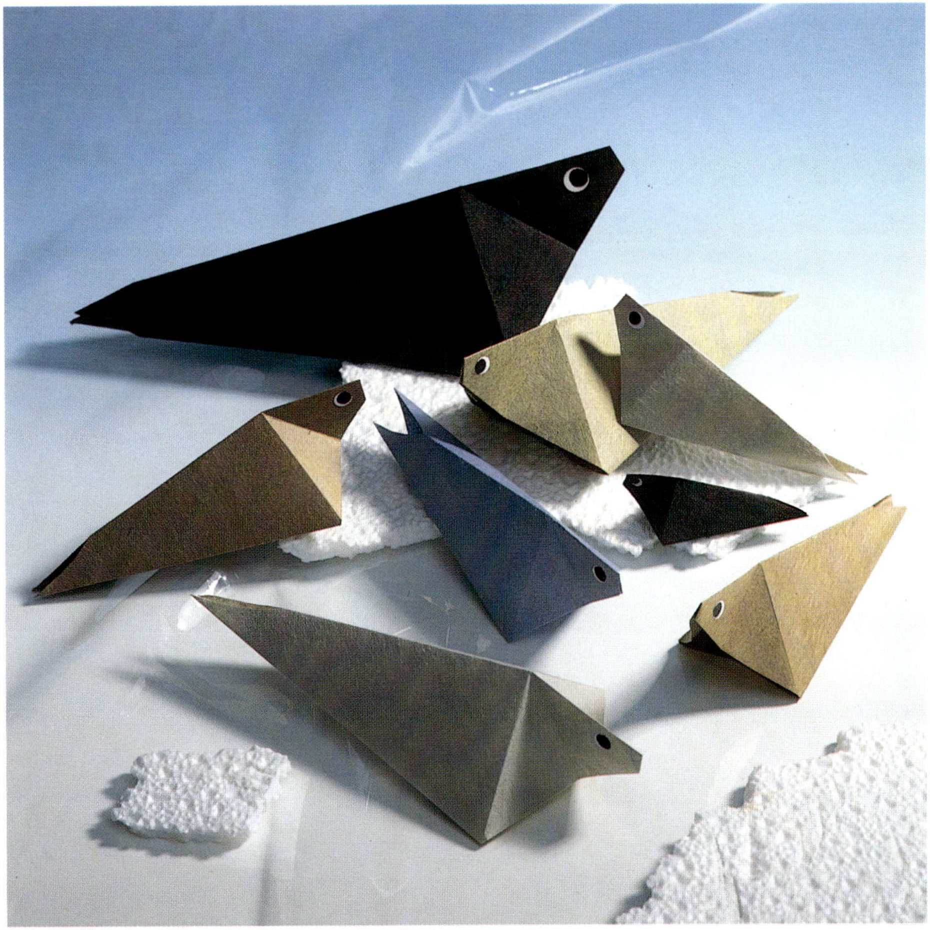

Seehunde

Pinguine

Aus schwarzen Glanzpapierquadraten mit weißer Rückseite (20 cm, 16 cm oder 12 cm Seitenlänge) entstehen mit ein paar Handgriffen ganz attraktive Pinguine. Die Augen sind mit dem Filzstift bemalte Stanzformen aus dem Bürolocher.

1.

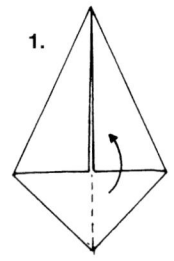

rechtwinkliges
Dreieck hochfalten

2.

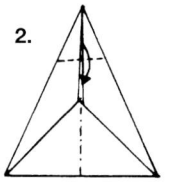

Spitz in Gegenrichtung falten

3.

4.

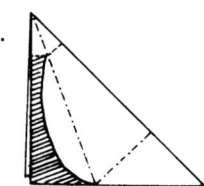

Form ganz öffnen, diagonal zusammenklappen und zwischen den beiden Hilfsfaltlinien die Bauchform ausschneiden

5.

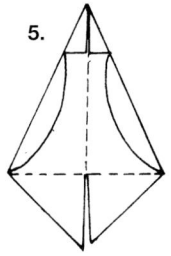

Drachenform wieder herstellen, abgerundete Seitenteile ankleben, rechtwinkliges Dreieck in der Mitte einschneiden

6.

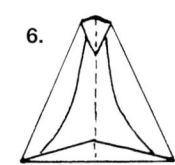

Kleine rechtwinklige Dreiecke am Fußteil übereinanderkleben, nach innen falten

7.

Form zusammenklappen, Schnabel beidseitig schräg an Hilfslinie falten, Fußformen an der Bauchlinie entlang jeweils außen nachfalten

8.

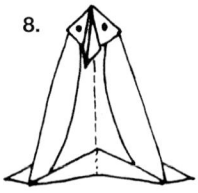

Kopf nach innen drücken, Schnabel vorziehen

Schablone für Pinguinschnabel

Falzkante

Pinguine

Die Blütenform

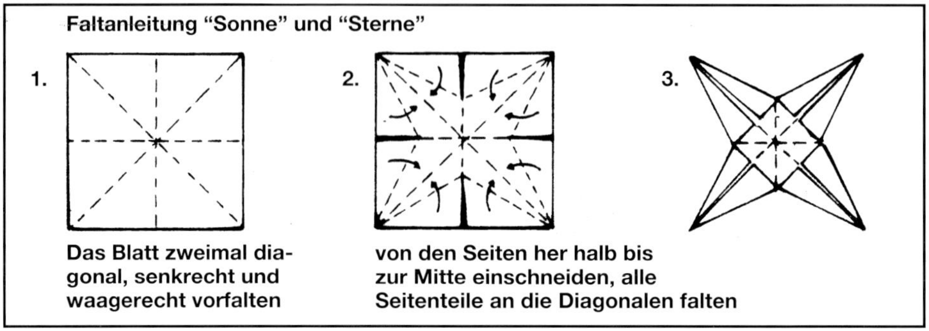

1.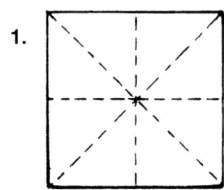

Das Blatt zweimal diagonal, senkrecht und waagerecht vorfalten

2.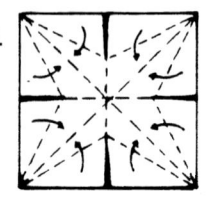

von den Seiten her halb bis zur Mitte einschneiden, alle Seitenteile an die Diagonalen falten

3.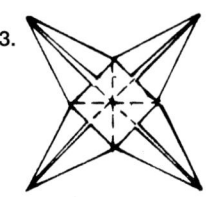

Die Heiligen Drei Könige

20 cm/20 cm große Regenbogenbuntpapiere bilden nach dem Falten die Körper der Könige. Aus 7,5 cm/3 cm großen Goldfolienstreifen, die die Kinder einseitig mit Zacken versehen, zum Ring zusammenkleben und an der Rückseite der Körper befestigen, werden die Kronen. Vorher bemalte, am oberen Rand leicht abgeschnittene Markierungspunkte (d = 19 cm) in Rosa, Orange oder Hellbraun reichen als Gesichter bis zum unteren Folienrand. Der plastische Stern aus zwei 4 cm/4 cm großen Papieren entsteht nach dem gleichen Prinzip wie die "Sonne" auf S. 29, nur werden die eingeschnittenen Seitenteile nicht an die Falzlinie, sondern übereinandergeklebt.

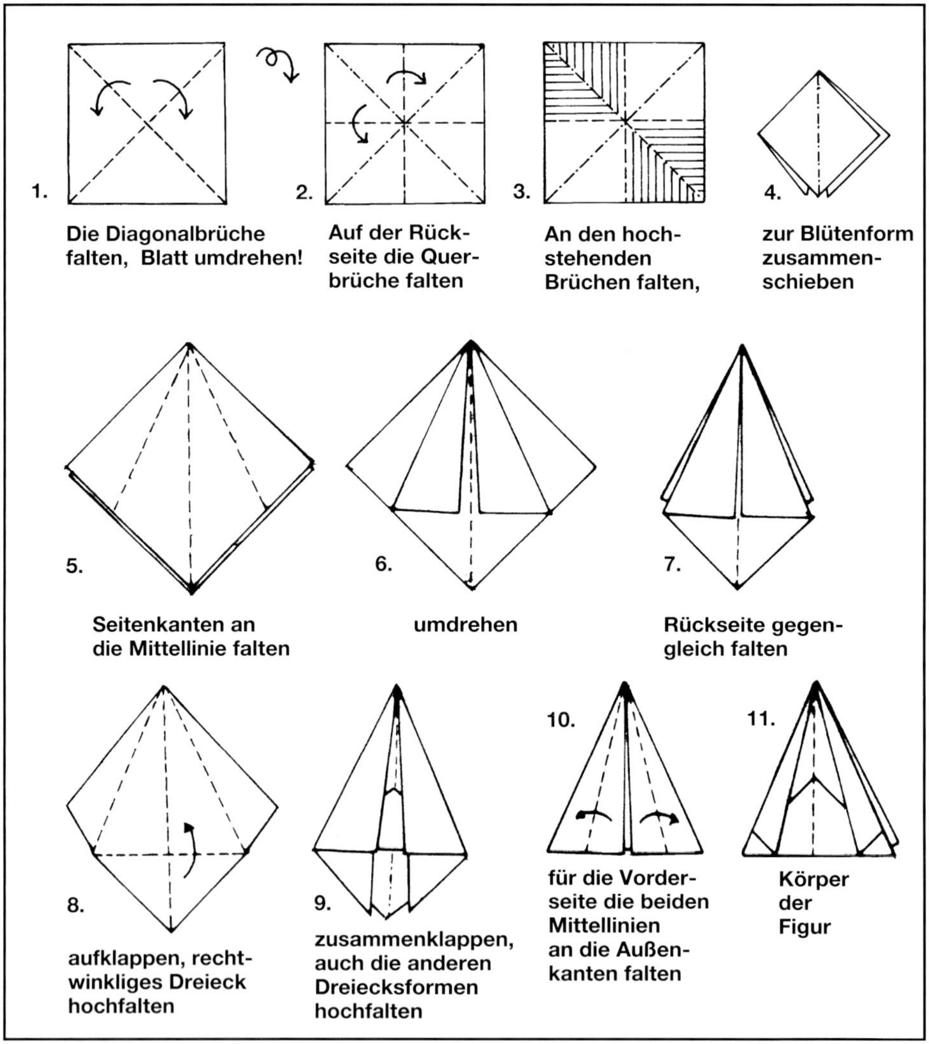

1. Die Diagonalbrüche falten, Blatt umdrehen!

2. Auf der Rückseite die Querbrüche falten

3. An den hochstehenden Brüchen falten,

4. zur Blütenform zusammenschieben

5. Seitenkanten an die Mittellinie falten

6. umdrehen

7. Rückseite gegengleich falten

8. aufklappen, rechtwinkliges Dreieck hochfalten

9. zusammenklappen, auch die anderen Dreiecksformen hochfalten

10. für die Vorderseite die beiden Mittellinien an die Außenkanten falten

11. Körper der Figur

Die Grundfaltung, die mit Abb. 4 endet, ist jeweils Ausgangsform für Könige, Henkelkörbchen und Blüten.

Die Heiligen Drei Könige

Henkelkörbchen

Die Körbchen sind von allen in diesem Heft vorgestellten Arbeiten am schwierigsten zu falten, können aber schon von Achtjährigen gut nachvollzogen werden. Eine Erleichterung stellt es dabei dar, den Henkel nicht miteinzuflechten, sondern nachträglich in die beiden sich bildenden Laschen zu kleben.

Hier wurden zweifarbig kaschierte und Sternchenfolienpapiere von 20 cm und 15 cm Seitenlänge verwendet, die 1 cm breiten Faltkartonstreifen sind etwa 25 cm lang.

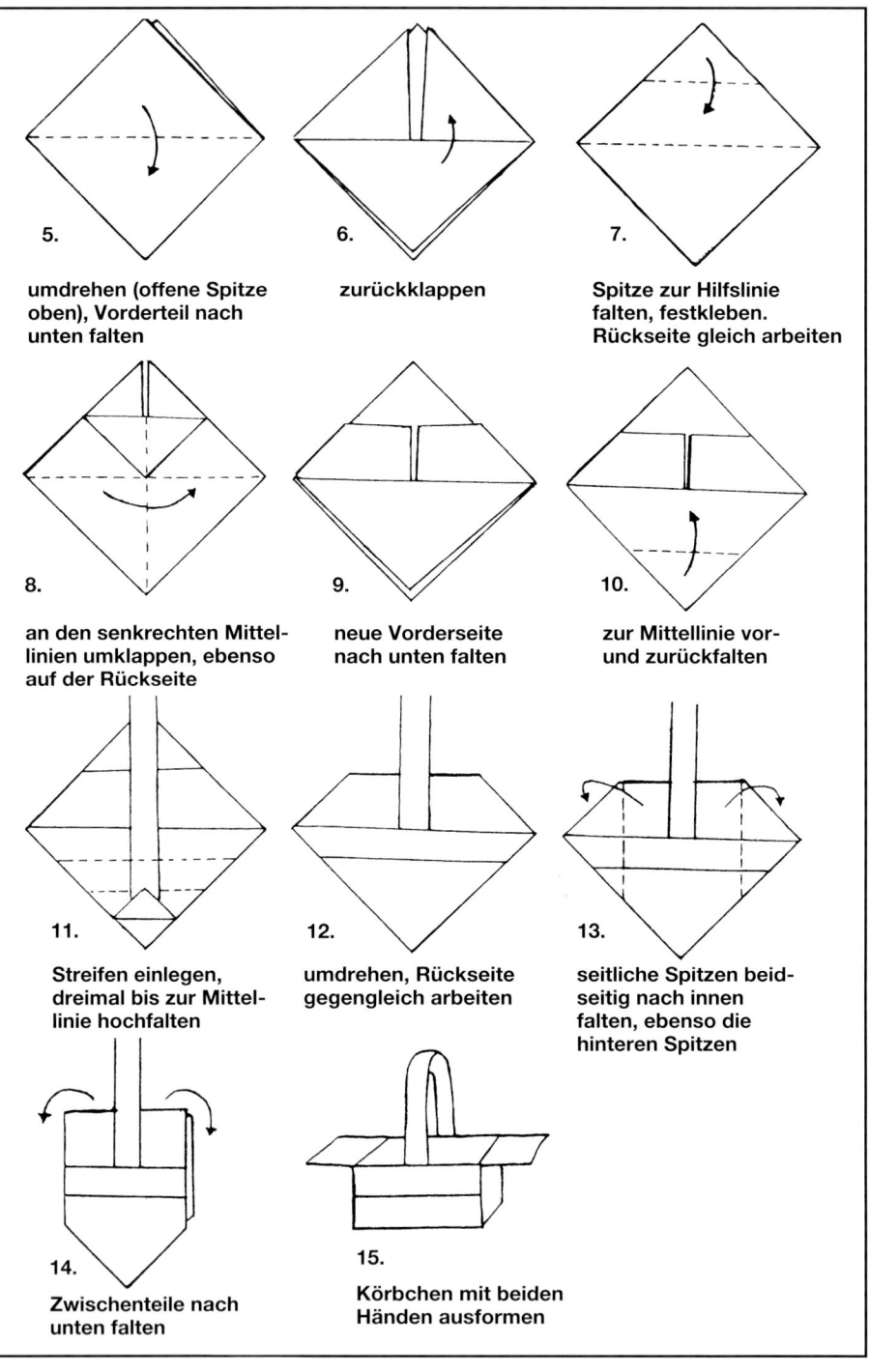

5. umdrehen (offene Spitze oben), Vorderteil nach unten falten

6. zurückklappen

7. Spitze zur Hilfslinie falten, festkleben. Rückseite gleich arbeiten

8. an den senkrechten Mittellinien umklappen, ebenso auf der Rückseite

9. neue Vorderseite nach unten falten

10. zur Mittellinie vor- und zurückfalten

11. Streifen einlegen, dreimal bis zur Mittellinie hochfalten

12. umdrehen, Rückseite gegengleich arbeiten

13. seitliche Spitzen beidseitig nach innen falten, ebenso die hinteren Spitzen

14. Zwischenteile nach unten falten

15. Körbchen mit beiden Händen ausformen

Henkelkörbchen

Blumenbeet   (Abb. Titelseite) Leuchtende Faltpapiere in den Größen 15 cm/15 cm und 10 cm/ 10 cm werden durch einen einfachen Schnitt und das Ausformen des Oberteils zu plastisch wirkenden Blüten. Das Blüteninnere schmücken gelbe, selbstklebende Markierungspunkte in verschiedenen Größen (19 mm, 13 mm, 8 mm). Die leicht gebogen geschnittenen Stengel reichen von den Blüten bis zum unteren Bildrand. Wer die gleiche Faltung mit grünen Papieren durchführt, die bei Nr. 7 erreichte Form aber vorsichtig von der oberen bis zur unteren Spitze durchschneidet, erhält nach leichtem Auseinanderziehen die Blattform. Die Schmetterlinge sind kleine Doppeldachformen (Abb. Seite 44) aus 10 cm/10 cm großen Musterpapieren.

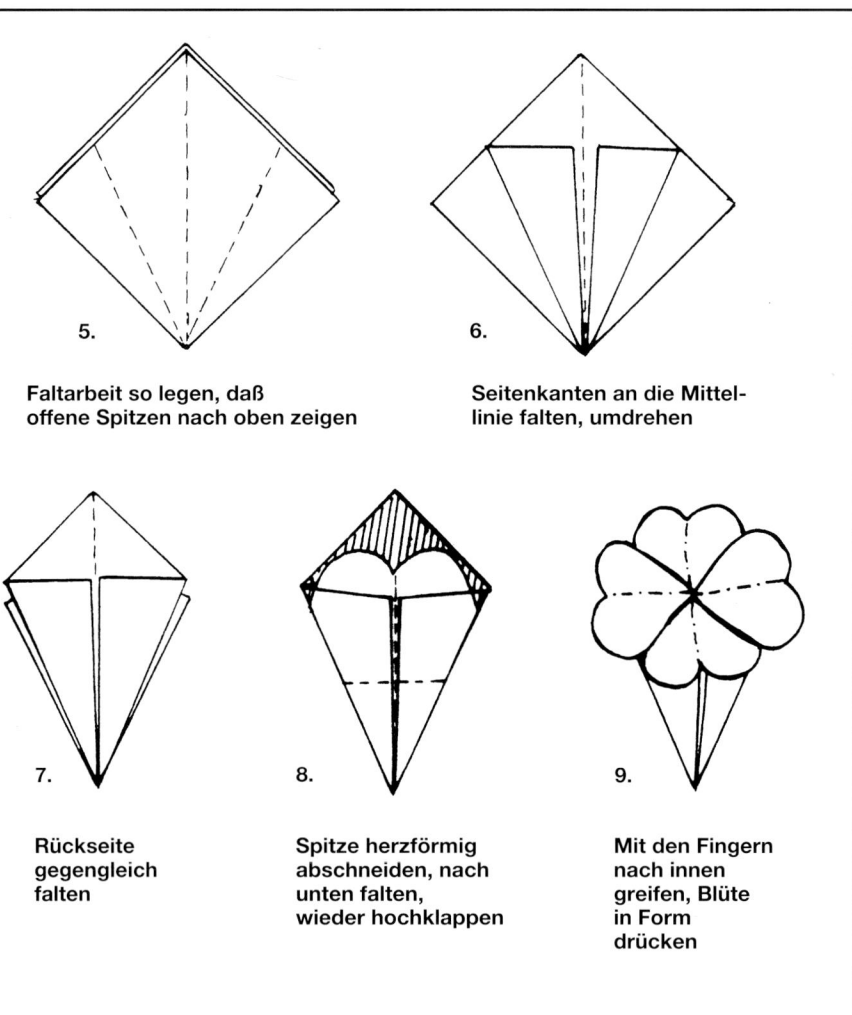

5.

Faltarbeit so legen, daß offene Spitzen nach oben zeigen

6.

Seitenkanten an die Mittellinie falten, umdrehen

7.

Rückseite gegengleich falten

8.

Spitze herzförmig abschneiden, nach unten falten, wieder hochklappen

9.

Mit den Fingern nach innen greifen, Blüte in Form drücken

Marktfrauen

Das Doppeldach

Die mit Nr. 4 endende Grundfaltung ergibt das für die Arbeit auf S. 22 benötigte **Doppeldach,** läßt sich als **Falter** (Titelseite) einsetzen und bildet die Basis für die im folgenden beschriebenen Arbeiten.

Marktfrauen (Abb. S. 43)

Aus je zwei farblich zueinanderpassenden, kleingemusterten Geschenk- oder Origamipapieren werden diese kleinen Marktfrauen gestaltet. Das Papierquadrat für den Rock hat 20 cm Seitenlänge, das für Oberteil mit Kopftuch 11,5 cm. Die Kinder falten beide Teile genau nach Anleitung, bestreichen dann die Kanten an der Spitze des Rockes mit Klebstoff und schieben die kleinere Form vorsichtig darüber. Die bemalten Gesichtsformen aus Tonpapier befestigen sie nur wenig unterhalb der Spitze.

Engel

Die Engel werden genauso wie die Marktfrauen, aber aus weißen Schreibmaschinenpapierquadraten (20 cm/20 cm, 11,5 cm/11,5 cm) gefaltet und zusammengefügt. 10 cm/10 cm große, zweimal diagonal durchgeschnittene Folienpapiere verdeutlichen die Flügelformen. Die rosafarbenen bemalten Köpfchen aus Tonkarton lassen sich mit zwei größeren Goldfolienpapierkreisen hinterkleben und rundum bis zum Kopfrand hin einschneiden. Einige Geduld ist vonnöten, um aus den einzelnen Streifen kleine Löckchen zu drehen!

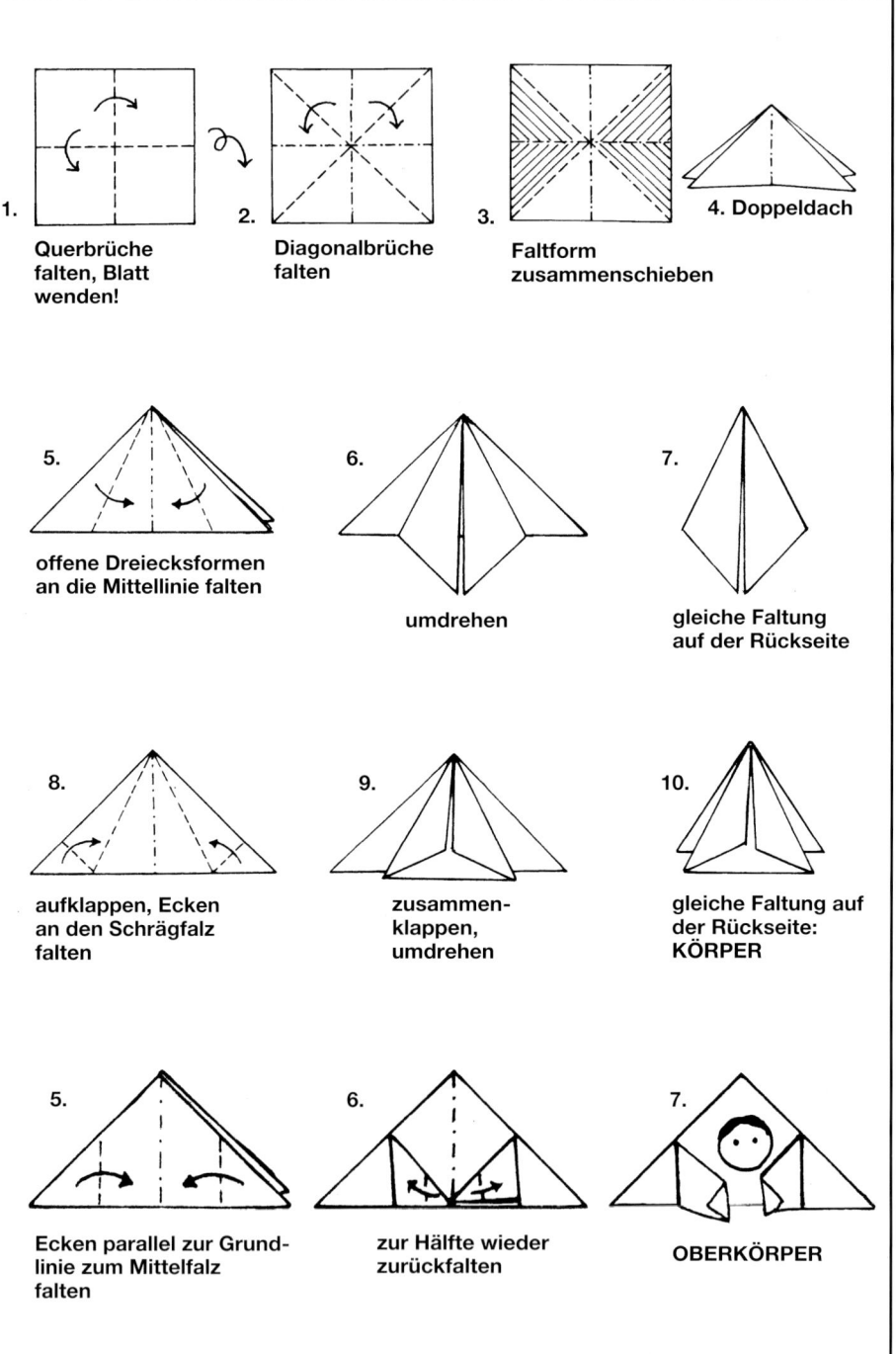

1. Querbrüche falten, Blatt wenden!

2. Diagonalbrüche falten

3. Faltform zusammenschieben

4. Doppeldach

5. offene Dreiecksformen an die Mittellinie falten

6. umdrehen

7. gleiche Faltung auf der Rückseite

8. aufklappen, Ecken an den Schrägfalz falten

9. zusammenklappen, umdrehen

10. gleiche Faltung auf der Rückseite: KÖRPER

5. Ecken parallel zur Grundlinie zum Mittelfalz falten

6. zur Hälfte wieder zurückfalten

7. OBERKÖRPER

Engel

Insekten

18 cm, 16,5 cm und 15 cm betragen die Seitenlängen der grün-weißen und grün-silbernen Papierquadrate für die Insekten. Die durchblitzende zweite Farbe läßt sie noch differenzierter wirken. Ein Fühlerpaar (S. 48) aus starker Silberfolie verleiht ihnen schließlich ein unverkennbares Aussehen.

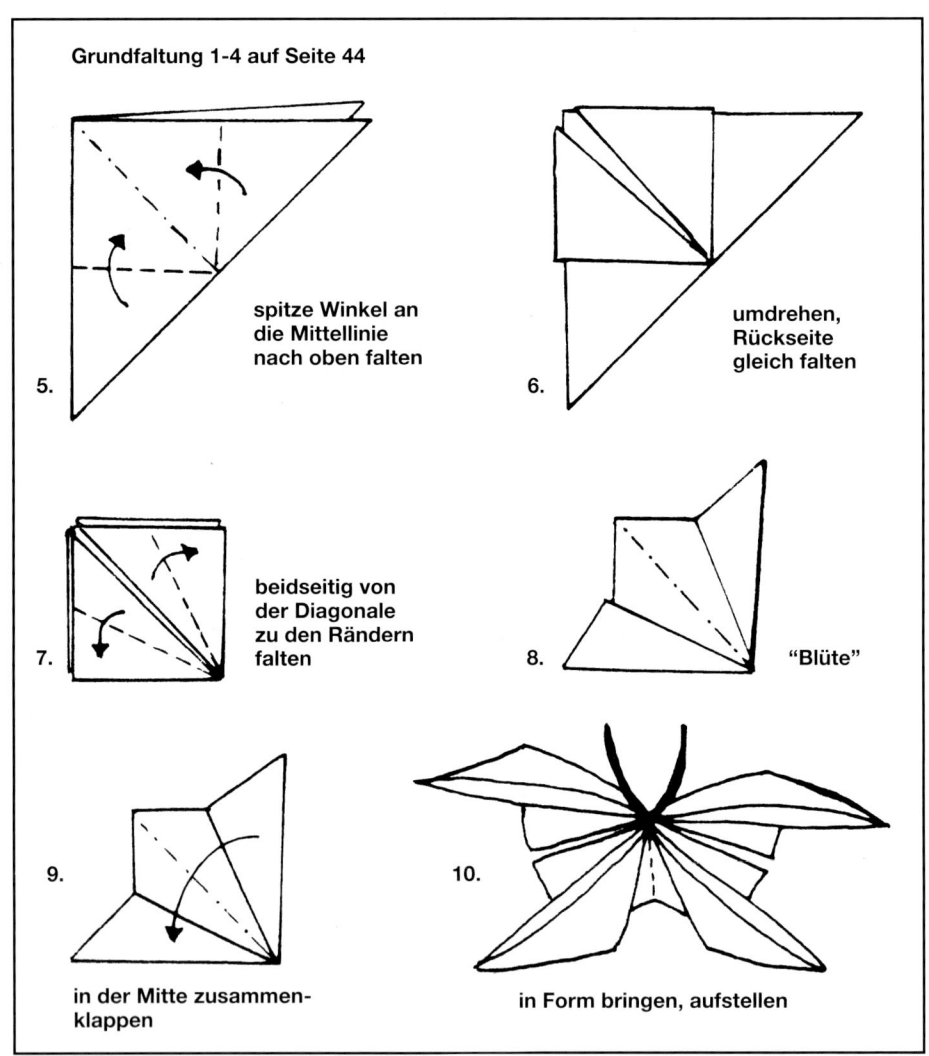

Grundfaltung 1-4 auf Seite 44

5. spitze Winkel an die Mittellinie nach oben falten

6. umdrehen, Rückseite gleich falten

7. beidseitig von der Diagonale zu den Rändern falten

8. "Blüte"

9. in der Mitte zusammenklappen

10. in Form bringen, aufstellen

46

Insekten

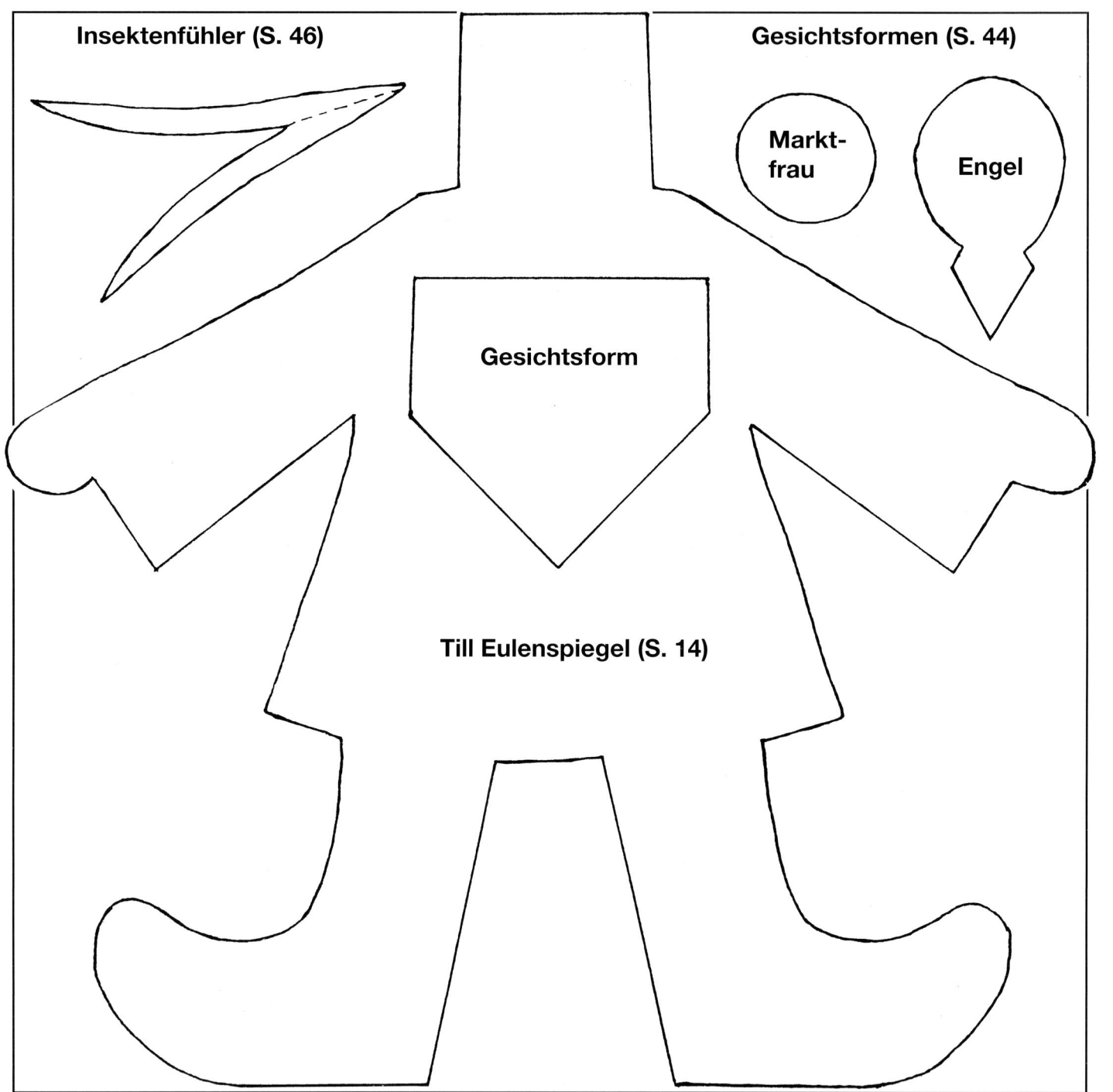

Insektenfühler (S. 46)

Gesichtsformen (S. 44)

Markt-frau

Engel

Gesichtsform

Till Eulenspiegel (S. 14)

48